미소노 글·그림

남한산 숲에서 곰취 선생님, 아이들이랑 함께 사계절을 지내면서 같이 놀고, 관찰하고, 온몸으로 느낀 것을 한 권의 책으로 엮었어요.
숲을 다니다 보니 처음에는 보이지 않았던 것들이 하나씩 보이기 시작하면서, 숲이 친근하고 더 소중하게 느껴졌어요.
하루 종일 흙을 밟을 일이 없는 아이들이 이 책을 통해서 숲과 친해질 수 있길 바라요.
이 책을 만들면서 많은 도움을 주신 곰취 선생님과 남한산숲학교에 진심으로 감사 드립니다.
쓰고 그린 책으로 《옥수수의 비밀》, 《어서 와! 장풍아》가 있습니다.

아는 만큼 보인다, 알면 알수록 재미있다.

곰취 주원섭 감수

산림 교육 전문가로 숲을 찾아오는 사람들이 자연과 더욱 가까워질 수 있도록 다양한 생태 교육 프로그램을 운영하고 있습니다.
숲과 자연에 대한 풍부한 지식과 경험을 바탕으로 자연의 아름다움과 생명의 가치를 전합니다.
산림 교육 전문가를 양성하는 기관에서 식물 생태학, 숲 해설 기법, 자연 놀이 등을 가르치며,
(사)한국숲해설가협회 이사, (사)한국산림문학회 이사, 홀씨연구소 자연과생태 연구·자문 위원을 맡고 있습니다.
쓴 책으로 《곰취의 숲속일지 – 오늘도 숲에 있습니다》가 있습니다.
《숲은 OOO》을 만나는 어린이 누구나 인간이 받을 수 있는 가장 큰 선물이 숲이라는 것을 깨닫고,
마음에서부터 숲을 아끼고 사랑하게 되기를 바랍니다.

오늘도 숲에 있습니다.

지식곰곰 16

숲은 OOO

ⓒ 미소노, 2025

초판 1쇄 인쇄 2025년 3월 31일
초판 1쇄 발행 2025년 4월 15일
ISBN 979-11-5836-517-2, 978-89-93242-95-9(세트)

펴낸이 임선희 **펴낸곳** ㈜책읽는곰
출판등록 제2017-000301호 **주소** 서울시 마포구 성지길 48
전화 02-332-2672~3 **팩스** 02-338-2672
홈페이지 www.bearbooks.co.kr **전자우편** bear@bearbooks.co.kr
SNS Instagram@bearbooks_publishers

책임 편집 이다정 **책임 디자인** 효효스튜디오
편집 우지영, 우진영, 최아라, 박혜진, 김다예, 윤주영, 도아라, 홍은채 **디자인** 강효진, 김은지, 강연지, 윤금비
마케팅 정승호, 배현석, 김선아, 이서윤, 백경희, 김현정 **경영관리** 고성림, 이민종 **저작권** 민유리
협력업체 이피에스, 두성피앤엘, 월드페이퍼, 원방드라이보드, 해인문화사, 으뜸래핑, 문화유통북스

이 책은 저작권법에 따라 보호받는 저작물이므로 무단 전재와 무단 복제를 금합니다.
이 책 내용의 전부 또는 일부를 사용하시려면 반드시 저작권자와 출판사의 동의를 얻어야 합니다.

숲은 ㅇㅇㅇ

미소노 글·그림

차례

들어가며
숲 학교 친구들 소개 ○ 8
숲으로 출발 ○ 10
숲과 만나기 전에 ○ 12

봄

봄꽃 구경 ○ 16
민들레 씨 도와주기 ○ 18
개구리와 도롱뇽 알 ○ 20
양치식물과 봄나물 ○ 22
개미와 개미지옥 ○ 24
잣나무 새싹 ○ 26
숲 청소 ○ 28
숲 놀이 ○ 30

여름

곤충 구경 ○ 34
함께 곤충 그리기 놀이 ○ 36
풀숲에서 곤충 찾기 ○ 38
여름 열매 ○ 42
지렁이 ○ 44
수서 곤충 ○ 46
물푸레나무 ○ 48
물놀이 ○ 50

가을

가을 열매 찾기 ○ 54
버섯 관찰 ○ 58
잣 까기 ○ 60
맛있는 가을 열매 ○ 62
나뭇잎 마술 ○ 63
씨앗을 퍼트리는 식물 ○ 64
단풍잎 놀이 ○ 66
가을의 소리 ○ 68

겨울

곤충들의 겨울나기 ○ 72
겨울눈 관찰 ○ 74
동물 흔적 찾기 ○ 76
겨울 먹이 찾기 ○ 78
새 둥지 관찰 ○ 82
나무 구줄 작전 ○ 84
얼음 계곡 놀이 ○ 86
숲은 ○○○ ○ 88

부록

퀴즈 정답 ○ 90

내 이름은 우리예요.
지금 열심히 가방을 싸는 중이죠.
무슨 가방이냐고요?
내일부터 동생, 친구들이랑 숲 학교에 가거든요.

집 근처 작은 산을 한 달에 한 번씩 찾아가
숲에 대해서 배우고 신나게 놀 거래요.
벌써부터 엄청 기대가 돼요!

숲에 대해서 모르는 것이 없는 숲 박사님을 만나게 될 거라는데,
어떤 선생님일까요?

모자, 돗자리, 간식, 물병을 챙기고……
내일은 엄마가 맛있는 도시락을 싸 주시겠죠?

야!
너도 빨리 준비해!

기다리고 기다리던 숲에 가는 날,
우리는 아파트 입구에서 만나 숲으로 출발했어요.

숲에 가까워질수록 공기가 맑아지는 것 같아요.
저기 보이는 분이 숲 박사님일까요?

숲에 올 때는 이렇게 입고 와야 한대요.

벌이랑 뱀은 절대 놀라게 하면 안 돼. 혹시나 벌이나 뱀과 마주치면 빨리 멀어지는 게 좋아. 멧돼지가 나올 수도 있으니까 혼자 다니지 말고, 꼭 선생님이랑 같이 다녀야 해. 참, 쓰레기는 아무 데나 버리지 말고 꼭 집에 가져가자. 숲을 아끼는 마음이 가장 중요해!

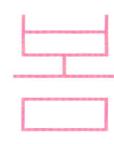

봄

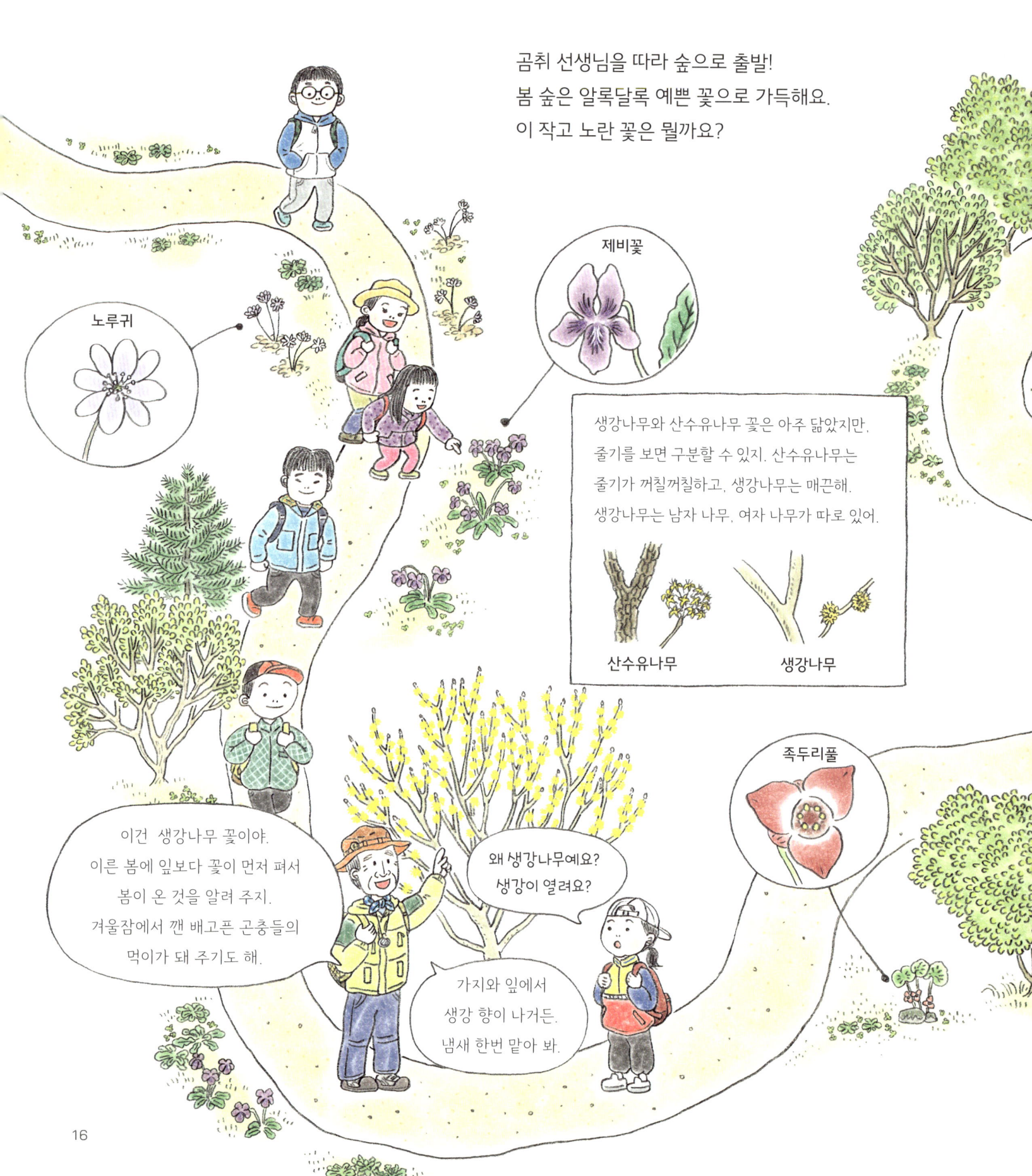

우리는 숲속에 있는 계곡 쪽으로 갔어요.
계곡으로 가는 길에 민들레 씨를 발견했어요!

신기한 구멍도 찾았어요.
알고 보니 무시무시한 구멍이었어요.

이번에는 숲 플로깅을 할 거예요.
목장갑을 끼고, 집게를 들고, 쓰레기 주울 준비 시작!

우리가 30분 동안 주운 쓰레기는 정말 많았어요.
주운 쓰레기를 한곳에 모은 뒤 종류별로 분류했지요.
어떤 종류의 쓰레기가 가장 많았을까요?

*주운 쓰레기는 집에 가져가서 분리배출할 것!

여름

햇살이 쨍쨍, 무더운 여름이 왔어요.
여름 숲에서는 무슨 일이 일어날까요?
어! 좀 징그러운 친구를 만난 것 같아요.
곰취 쌤, 여기요! 얼른요!

무당벌레 애벌레구나.
옆에 무당벌레 번데기도 있네.
무당벌레는 진딧물을 엄청 좋아하지!
여름 숲에서는 다양한 곤충을 만날 수 있어.
우리 곤충 한 마리씩 찾아 보자!

칠성무당벌레 애벌레
진딧물
칠성무당벌레 번데기
더듬이긴노린재

곤충은 크게 머리, 가슴, 배로 이루어져 있대요. 또 어떤 부분이 있을까요?

이제 곤충이 어떻게 이루어졌는지 완벽하게 알았어요!
곤충을 직접 보면서 한 번 더 확인해 봐야겠어요.

계곡으로 가는 길은 분명 봄에도 지나갔던 길인데,
풀이 무성하게 자라니 완전히 다른 길 같아요.
어, 저 빨갛고 반짝거리는 것은 뭘까요?

페트병 통발 만드는 법
1. 투명한 페트병의 위에서 4분의 1 부분을 자른다.
2. 페트병 중간에 송곳으로 구멍을 여러 개 뚫는다.
3. 페트병 안에 밥풀이나 된장을 넣는다.
4. 1에서 자른 윗부분을 거꾸로 끼우고, 양쪽에 구멍을 뚫어 끈을 단다.
5. 큰 돌 사이에 놓고 기다린다.

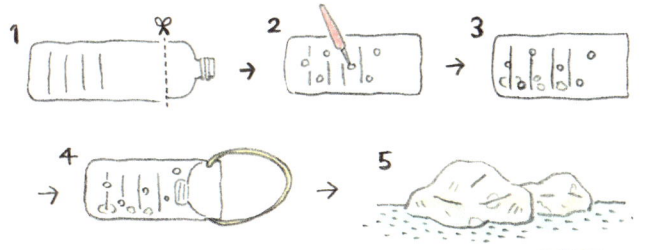

가을

으름 열매를 맛있게 먹고 있는데,
갑자기 곰취 선생님이 마술을 보여 주신다네요?

노란색, 빨간색, 주황색.
숲이 알록달록 변신을 했어요.

땡! 겨울이 되면 나무가 얼기 전에 나뭇잎의 영양분을 거두어서 단풍이 들게 해. 낙엽을 만들고 줄기의 물을 줄인 다음 최소한의 영양분으로 겨울을 나기 위해서지.

가을에 나뭇잎이 왜 떨어지는 걸까?

말라서?

추워서 떨어지는 것 아니야?

바람이 세게 불어서요?

알록달록 물든 나뭇잎으로 만들 수 있는 것도 한가득이에요!

나는 꽃을 만들어 봐야지!

그래, 큰 나뭇잎으로는 가면을 만들 수 있지!

전 나뭇잎으로 가면 만들었어요.

난 낙엽으로 침대 만들었어! 우아, 푹신푹신해!

내가 이불 덮어 줄게!

겨울

곤충들도 숨어 버리고, 나뭇잎도 떨어진 겨울 숲은 온통 갈색이에요.
나무들은 앙상하게 마른 가지와 줄기만 남았어요.
그런데 자세히 보니 나뭇가지 끝에 뭔가 달려 있네요?

굴참나무 겨울눈

단풍나무 겨울눈

진달래 겨울눈

물푸레나무 겨울눈

겨울잠을 안 자는 동물이 겨울을 나려면 먹을 게 필요하겠죠?
숲 곳곳에 이런 동물을 위한 먹이가 숨어 있대요.
우리는 겨울잠을 안 자는 동물의 먹이를 열심히 찾아 보기로 했어요.

나뭇잎이 떨어진 겨울나무는 속속들이 잘 보여요.
어, 저기 새 둥지가 있어요!

직박구리
나뭇가지, 식물의 줄기 따위를 쌓아 밥그릇 모양 둥지를 지어요.

잘 봐. 새 둥지를 보면 이 집 주인이 누군지 짐작할 수 있어. 둥지가 작고 항아리 모양이면 몸집이 작은 새, 둥지가 크고 접시 모양이면 몸집이 큰 새가 주인이야. 둥지 안쪽에는 아기 새를 보호하기 위해 동물 털을 깔아 놓기도 해.

그럼, 이 둥지 주인은 작은 새겠네요?

그렇지. 아마 직박구리 둥지가 아닐까?

왜가리
높은 나무 꼭대기에 마른 나뭇가지로 접시 모양 둥지를 지어요.

곰취 쌤, 저것도 새 둥지예요?

하하하, 새 둥지처럼 생겼지만 아니야. 다른 나뭇가지에 붙어서 자라는 겨우살이라는 나무야. 멀리서 보면 까치 둥지처럼 보이지.

겨우살이

오색딱따구리
우리나라에서 가장 흔하게 볼 수 있는 딱따구리예요.

1년 동안 숲에서 놀다 보니 나도 숲 박사가 된 것 같아요.
아직도 숲에는 내가 모르는 재미있는 것들이 많이 있겠죠?
숲에 대해서 더 많이 알고 싶어요!

퀴즈 정답

20~21쪽

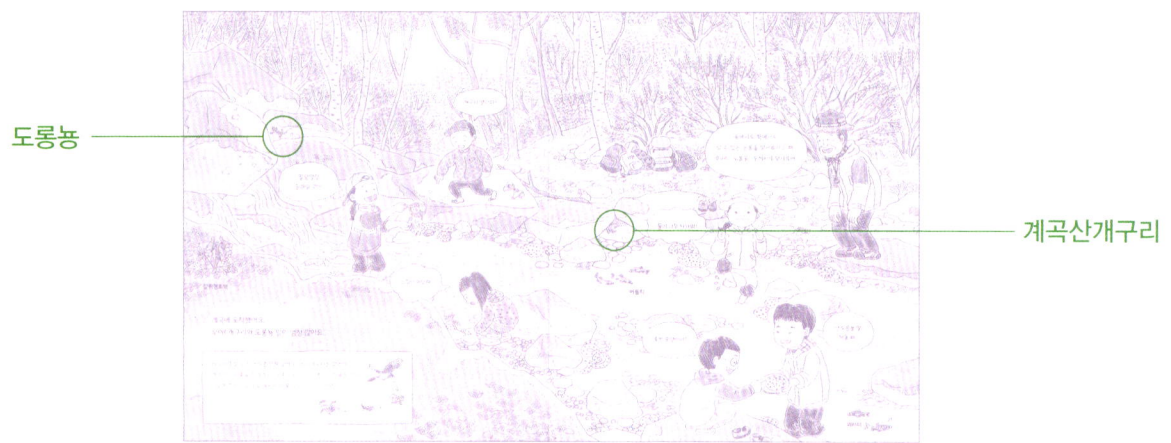

26~27쪽

38~39쪽

43쪽

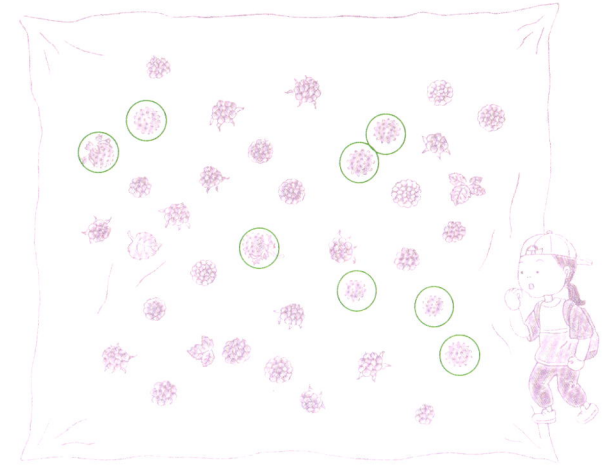

46~47쪽

물맴이
소금쟁이
송장헤엄치개
날도래 애벌레
물장군

소금쟁이
하루살이 애벌레
뱀잠자리 애벌레

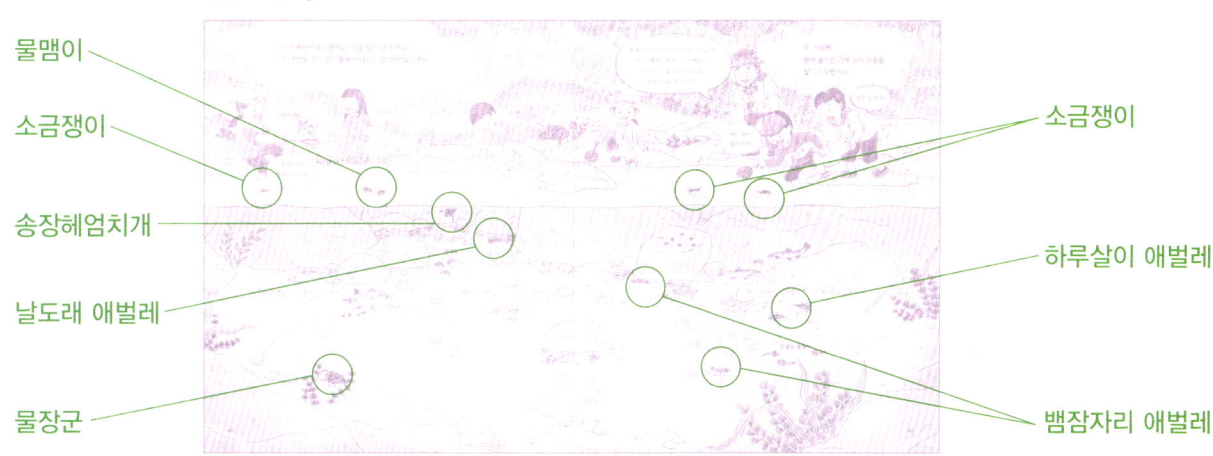

56~57쪽

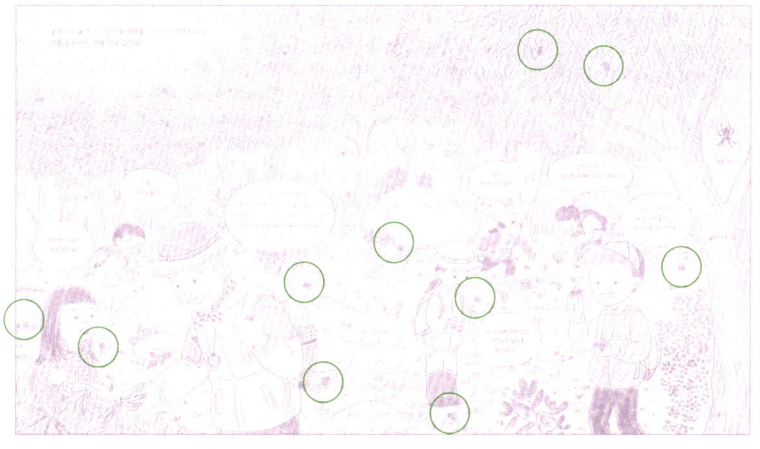

퀴즈 정답

61쪽

정답: 현우

65쪽

정답: 59쪽 버섯 길

72~73쪽

76~77쪽

- 멧돼지가 먹이를 찾아 땅을 판 흔적
- 청설모가 모은 나무 열매와 껍데기
- 고라니가 자주 다녀서 생긴 고라니 길
- 고라니 발자국
- 고라니 똥
- 멧돼지 발자국

78~79쪽

- 밤
- 겨울눈
- 물
- 먹다 남은 도시락
- 칡
- 나무 열매
- 풀
- 돼지감자
- 굼벵이
- 지렁이

86~87쪽